# Mille ans sont comme un jour

Hervé Ponsot

# Mille ans sont comme un jour

Le temps des hommes et le temps de Dieu

Les références bibliques sont tirées de la Bible de Jérusalem



*Édition : BoD - Books on Demand, info@bod.fr*

*Impression : BoD – Books on Demand,*

*In de Tarpen 42, Norderstedt (Allemagne)*

*Impression à la demande*

*ISBN : 978-2-3225-0427-5*

*Dépôt légal : **Février 2024***

# Introduction

Lors d'une rencontre d'un groupe catholique d'aumônerie, la question fut posée de l'attitude à avoir face à une éventuelle demande de suicide assisté. Aucune réponse générale n'allait évidemment de soi, tant les circonstances peuvent être diverses et surtout personnelles. Après réflexion, j'ai suggéré, dans la mesure où cela apparaissait possible, de proposer un délai, quand bien même la décision de la personne serait déjà prise.

En effet, souvent, dans le domaine médical et ailleurs, la pression vient largement de l'échéance en noyant les possibilités de recours et de retour en arrière : il faut choisir et vite ! « Si vous persistez dans votre demande de suicide assisté, elle sera mise en application demain matin, ou dans quelques heures ».

Je viens d'écrire que la pression du temps existait en dehors du domaine médical. En effet, nous y sommes sans cesse confrontés pour prendre par exemple une décision d'achat, infiniment plus banale quand même dans ses conséquences : « la promotion s'achèvera dans trois jours » ou bien « vous avez de multiples concurrents sur le même projet d'investissement immobilier, etc. »

La question du temps est donc cruciale, et cela ne « date » pas d'aujourd'hui : elle a toujours existé depuis que le temps existe, autrement dit depuis l'origine du

monde. Pourtant, sans aucunement prétendre
révolutionner la thématique, je me propose d'y réfléchir
encore, en confrontant la perception que l'homme
ordinaire a du temps, avec celle que Dieu lui propose. À
partir de ce que la Bible peut en dire.

# Le temps des hommes

# Réflexions communes sur le temps

Combien de fois, quotidiennement, sous des formes diverses, nous évoquons le temps et le rapport que nous avons ou croyons avoir avec lui ! Voici quelques échantillons.

## 1. Je n'ai pas le temps / Je perds mon temps

Voilà sans doute les deux réflexions les plus communes, que l'on peut entendre ou dire plusieurs fois par jour. Elles supposent que le temps est une donnée possédée en propre (*mon* temps), mais finie et donc mesurée, et qu'il faut donc gérer au mieux, en se protégeant des « pertes de temps ».

## 2. Il essaie de rattraper le temps perdu

Heureusement, il semblerait selon certains que l'on puisse rattraper le temps perdu. À l'inverse de ce qu'affirmait la chanteuse Barbara dans une magnifique et célèbre chanson :

> « *Dis, quand reviendras-tu,*
> *Dis, au moins le sais-tu,*
> *Que tout le temps qui passe,*
> *Ne se rattrape guère,*

*Que tout le temps perdu,*
*Ne se rattrape plus ».*

Mais la chanteuse a évidemment raison : lorsqu'on dit de quelqu'un qu'il a rattrapé le temps perdu, on veut simplement affirmer qu'il a commencé un temps autre, sur de nouvelles bases. Le temps perdu reste perdu.

## 3.  Il prend son temps / Il joue la montre

Si l'on ne rattrape pas le temps perdu, d'aucuns affirment qu'on peut le prendre comme son bien propre. Ainsi a-t-on souvent dit d'un tennisman célèbre « qu'il prenait *son* temps au moment de servir ». Et comme il a été fait la remarque aux arbitres et organisateurs que ce temps entre les échanges pouvait être déstabilisant pour l'adversaire, il est maintenant limité. Alors que notre tennisman cherchait peut-être simplement à le maîtriser.

Certes, le temps est mesuré, et de mieux en mieux : du sablier à l'horloge atomique, que de progrès pour l'appréhender de plus en plus finement ! Jusqu'à supprimer son existence lorsque l'on invoque l'urgence.

## 4.  C'est urgent !

Chacun le sait aujourd'hui, les « urgences hospitalières » en France sont souvent des lieux d'attentes très longues. Sans que les médecins ne soient aucunement en cause :

ils sont tout simplement débordés, et échelonnent leurs patients selon le « degré d'urgence ».

L'urgence varie donc « au fil du temps ». Il y a quelques dizaines d'années, l'injonction « Peux-tu m'envoyer telle lettre ou tel colis en urgence ? » exigeait quand même plusieurs heures pu jours avant que le destinataire ne la/le reçoive. Les choses ont pas mal changé avec l'apparition d'Internet : mais si la messagerie remplace de plus en plus le courrier classique et peut prétendre à l'urgence, le colis n'a pas la même souplesse !

Non, l'urgence ne supprime pas le temps, elle le raccourcit.

## 5. Le temps de cerveau disponible / Le temps, c'est de l'argent

En 2004, Patrick Le Lay, alors président de TF1, lance dans l'ouvrage « *Les dirigeants face au changement* » (Éditions du Huitième jour) une affirmation qui fera largement polémique et qu'il faut citer sans la tronquer :

> « *Il y a beaucoup de façons de parler de la télévision. Mais dans une perspective business, soyons réaliste : à la base, le métier de TF1, c'est d'aider Coca-Cola, par exemple, à vendre son produit. Or, pour qu'un message publicitaire soit perçu, il faut que le cerveau du téléspectateur soit disponible. Nos émissions ont pour vocation de le rendre disponible : c'est-à-dire de le divertir, de*

*le détendre pour le préparer entre deux messages.
Ce que nous vendons à Coca-Cola, c'est du temps
de cerveau humain disponible ».*

Dans une société largement mercantile, cette affirmation est un nouvel exemple du fait que « le temps, c'est de l'argent ».

Il serait possible d'allonger la liste, mais cela ne ferait que renforcer ce qui se dégage déjà. Le temps est le plus souvent conçu comme une réalité qui appartient en propre à l'homme, une sorte de bien personnel qu'il partage ou qu'il garde jalousement, et qu'il lui incombe de gérer à sa convenance.

# Avec quels mots parler du temps ?

Comme il vient d'être rappelé, le temps est souvent compté, surtout s'il est de l'argent. On parlera de moment, instant, durée, éternité, patience, chronologie, demain, semaine, mois et année, etc. Notons que ces mots sont souvent rattachés à une préposition, ce qui indique que l'on en a une certaine maîtrise : dans un moment, dans un instant, pour une longue durée, au mois ou à l'année.

Les trois termes les plus connus et utilisés sont d'une part le moment ou l'instant, qui correspond au grec *kairos*, et d'autre part, le temps au sens de durée, qui correspond soit au grec *chronos*, soit au grec *aiôn*, que l'on traduit souvent en français par *éon*. Ce dernier est peu connu, et la différence avec *chronos* n'est pas évidente. Disons que l'éon n'est pas mesurable, ce qui se perçoit lorsqu'on parle « d'ère » ou de période : il est une durée sans bornes. Au contraire, le *chronos* se prête à la mesure grâce aux cadrans solaires, montres et horloges, et c'est à lui que nous nous référons le plus souvent parce qu'il nous enveloppe. Même lorsque nous parlons avec une certaine précision : nous sommes tel jour, telle année, nous faisons en réalité référence au *chronos*.

À moins que la référence ne soit investie d'une note affective ou spirituelle particulière, qui la transforme et lui donne le caractère de marque : je suis né tel jour telle heure, renvoie non seulement à une date, mais à un moment particulier, non reproductible comme tel, et marquant de ma vie. Il s'agit alors d'un *kairos*. En fait, un *kairos* s'exprime difficilement dans les catégories habituelles de l'heure, du jour ou autres de ce genre, ou plutôt il les dépasse. J'ai pu faire telle rencontre tel jour telle heure, mais, s'il s'agit d'un *kairos*, le moment précis importe moins que le contenu de la rencontre.

La vie d'un homme est souvent vue comme un *chronos* ou un *aiôn,* quelque peu banal et insipide. Ce sont les quelques *kairoi* qui se glisseront dedans qui le rendront plus supportable. Dans la suite de ma réflexion et par souci de simplification, je vais en rester au familier *chronos* plutôt qu'au très biblique et moins connu *aiôn.*

# Le temps d'une vie

C'est à travers la vie et sa durée que l'homme éprouve le plus fréquemment le temps. On va donc en établir la moyenne. Selon l'INSEE, fin 2022, elle serait en France de 85,2 années pour les femmes, et de 79,3 ans pour les hommes. Chacun le sait, elle ne cesse de s'allonger, mais ce n'est évidemment pas un profit pour tous : pour des raisons de santé déficiente, de travail professionnel pénible, d'épreuves familiales, et bien d'autres raisons encore, l'allongement peut représenter une lourde charge pour la personne ou pour ceux que l'on appelle aujourd'hui « les aidants ».

Qu'attend-on de cette durée ? De trouver et de vivre en plénitude le bonheur. Il est courant de penser que les épreuves nous en éloignent. On comprend que, dans cette optique, l'euthanasie ou le suicide assisté trouvent des promoteurs : quand le bonheur ne paraît plus possible dans une vie humaine, peut-on encore la considérer comme humaine ?

Mais quel sont les caractéristiques de ce bonheur ? Pour le comprendre, il faut rappeler cette évidence que l'homme est un être fini, marqué par le manque. Le bonheur, habituellement reconnu comme plénitude, demande donc soit de « mettre fin à la finitude », soit de combler ce manque. Voilà exactement ce qui est proposé aujourd'hui à l'être humain : devenir immortel par le biais d'une modification génétique ou de prothèses technologiques, ou accumuler les « biens », qu'ils soient financiers, numériques, affectifs, mobiliers, afin de remplir le vide.

Le temps est censé venir en aide à ces propositions au nom d'un principe : ce que vous n'avez pas aujourd'hui, vous l'aurez demain. Grâce au « progrès », que François-Xavier Bellamy a, comme philosophe, très finement analysé et mis en cause dans son livre *Demeure*[1]. Affirmation parfaitement démagogique, non seulement parce qu'irréalisables dans l'état actuel des connaissances et des techniques, mais aussi parce que ce fameux progrès fait naître sans cesse de nouvelles attentes.

Avec Bellamy, notons que ce progrès est évidemment lié à un mouvement, lequel n'est pas orienté vers un but universel qui puisse rassembler. « *La modernité, pour libérer le mouvement et permettre le progrès, s'est définie par un effort de déconstruction. Nous avons voulu défaire nos liens, ne regarder le monde que comme une juxtaposition d'objets manipulables et transformables.* »[2]

Je cite encore : « *Dépourvus de lieu qu'ils puissent simplement habiter, les individus deviennent des concurrents – au sens littéral de ce terme, ils courent ensemble, dans un espace social aussi vide et aussi illimité que le nouvel univers de l'astronomie (...) Non, dans ce monde désenchanté, le mouvement n'a plus de fin – plus d'autre fin que la mort : il est en fait toute la*

---

[1] Grasset, Paris, 2018.

[2] *op. cit.* p. 16.

*vie. Quand il s'achève, tout s'achève. Pour rester en vie, il faut tout faire pour continuer de courir.* »[1]

Dans une telle vision de la vie humaine, le bonheur est toujours en avant de celui qui le cherche, sans qu'il puisse en jouir. Et le temps qui passe ne changera rien à l'affaire !

---

[1] *op. cit.* p. 69 et 71. Nous ne sommes pas loin du fameux sketch de Raymond Devos « *Sens interdit* ».

# Multiplier les stimulations

Le temps qui passe, ce *chronos* sur lequel on ne peut revenir, qui se déroule de manière linéaire, et sur lequel on n'a guère de prise à moins que des moments particuliers ne viennent le remplir, est donc loin d'être le temps du bonheur. Il n'est pas rare qu'il soit plutôt assimilé à une douloureuse éternité ! Que l'on pense à des résidents en EHPAD, ou encore à des patients isolés souffrant de maladies invalidantes.

Peut-on arrêter le temps, le ralentir ou « s'en évader » ? Comment ne pas entendre en écho le fameux « *Ô temps, suspends ton vol !* » de Lamartine ? Certains proposent des solutions, pas toujours souhaitables. Je pense à ceux, nombreux chez les jeunes comme chez les moins jeunes, qui se tournent vers la drogue. Pas toujours les plus dures, ce qui ne veut pas dire les plus insignifiantes : le cannabis se consomme de plus en plus largement. Combien de personnes, croisées dans la rue, en transmettent l'odeur ! Il paraît que le cannabis, et la drogue plus généralement, permettent de voir la vie autrement, plus souriante dans le déroulement du temps. Hélas ! avec les conséquences que l'on sait et que l'on n'ose pas dire sur la perte du sens du réel et l'addiction.

De manière plus douce, je lis en ligne dans *Les Échos* du 16 novembre 2017, une autre proposition, plus « soft », sous la plume de Sophie Muffang, coach : « *Plus nous sommes dans la routine, moins notre cerveau est sollicité. Rechercher de nouvelles stimulations demande à notre cerveau davantage d'efforts pour traiter les informations, ce qui a tendance à avoir pour effet de ralentir notre perception du temps.* »

Les stimulations, voilà très précisément ce qui nous est proposé par notre société moderne. Elle use de tous les artifices pour conjurer la morosité ambiante et nous inviter à « faire la fête ». Mais ceux qui répondent à ce genre de sollicitations sont-ils plus heureux et libérés de la pression du temps quand la fête se termine ? J'ai quelques doutes : les fêtes provoquées sont extérieures à l'homme et lui laissent un goût d'amertume. Ce qui rompt la monotonie du *chronos*, ce sont ces événements marquants au plan intérieur, que j'ai nommés plus haut *kairoi*.

Mais la stimulation peut aussi provenir d'une… absence de stimulation ! Pour le dire autrement, il s'agit d'accueillir le temps autrement. Avec patience et paix intérieure. Les amateurs du « retour à la nature » semblent se situer plutôt dans ce camp-là. Tout comme ceux qui choisissent, au rebours des incitations créées dans nos sociétés occidentales, de vivre avec le soleil, selon son temps à lui. Pour ces derniers, la manipulation du temps, loin d'en diminuer le poids, contribue à le rendre plus difficilement acceptable, et finalement plus long.

Ne peut-on aussi évoquer le développement de la dimension relationnelle d'une personne ? C'est souvent ce que permet la retraite. Non pas la retraite spirituelle, en principe « limitée dans le temps » et vécue dans une certaine solitude, mais la retraite qui conclut une vie active bien remplie[1]. Et qui peut s'enrichir de services et de nouveaux contacts. Certes le temps peut là encore apparaître long, surtout pour ceux qui ne savent pas ou ne parviennent pas à « occuper leur retraite », mais pour les autres, elle peut générer une autre appréhension du temps. Celui-ci n'est alors ni raccourci, ni maîtrisé, mais accepté, partagé, et donc moins lourd.

---

[1] C'est le sens d'un article que j'ai proposé sur mon blog proveritate.fr et intitulé : « Le courant et la rive ».

# Au-delà du temps

Finalement, puisque le temps est si long, ne faut-il pas le dépasser ou s'en extraire ? D'une certaine manière, la mort est peut-être une réponse à la longueur et à la morosité du temps. Il s'est longtemps dit que la société contemporaine la cachait, ne serait-ce que par l'existence des Ehpad, mais elle revient sur le devant de la scène avec le débat sur l'euthanasie.

## Expériences de mort imminente

Avant que le non-spécialiste que je suis n'en vienne à la question du suicide assisté et de l'euthanasie, il faut évoquer les fameuses *Expériences de Mort Imminente* (en anglais, NDE, *Near Death Experience*). La réflexion sur ce thème génère un très long article dans *Wikipedia*. On y apprend que le plus ancien rapport date du XVIII$^e$ siècle, et que de multiples témoignages, réflexions, débats, ont vu le jour depuis. Jusqu'à un film présenté en 2014. Et encore un long article récent, mais réservé aux abonnés, dans le journal Le Figaro.

Les caractéristiques, rarement présentes toutes ensemble, seraient les suivantes :

« La décorporation, la perception visuelle dans toutes les directions simultanément, la « sensation » d'avoir la capacité de « traverser » les obstacles physiques (les murs, la matière...), la vision complète de sa propre existence (revue de vie), la vision d'un tunnel, la rencontre avec des entités spirituelles ou des personnes proches décédées, la vision d'une lumière, un sentiment d'amour infini, de paix et de tranquillité, l'impression de posséder une connaissance omnisciente, l'impression qu'il n'y a plus d'écoulement du temps, l'impression d'une expérience ineffable et d'union avec des principes divins ou supranormaux » (*Wikipedia, Expérience de mort imminente*).

Du point de vue qui m'occupe ici, je note juste que dans un certain nombre de cas, « l'écoulement du temps est suspendu ». Mais quoi qu'il en soit de ces témoignages, de leurs convergences et divergences, il reste acquis qu'aucun sujet n'a vraiment passé la barrière de la mort effective, et pas seulement clinique, avant d'en revenir.

Et si l'on évoque la dimension spirituelle de plusieurs expériences, on ne peut certainement pas parler de résurrection.


## Euthanasie et suicide assisté


Il est bien clair que je n'ai aucune compétence particulière pour parler avec autorité du suicide assisté ou de l'euthanasie. Certes, je suis le prêtre référent d'un hôpital psychiatrique, mais ces questions ne s'y posent que très peu ! En tout cas, je n'ai pas eu à intervenir sur ces points.

Les deux seuls moments où il m'a été demandé une aide dans un hôpital voisin, ce fut pour accompagner et consoler des parents qui avaient, sur l'insistance forte de médecins, choisi de pratiquer des interruptions médicales de grossesse sur un fœtus mal en point, et en avaient conçu une très forte culpabilité. Oserai-je dire qu'ils avaient eu le sentiment de « suicider » leur enfant, et un peu ou beaucoup de leur vie de couple ?

Bien sûr, il s'agit quand même d'autre chose dans le suicide assisté, et je n'en ai pas « rajouté » sur cette culpabilité, en tâchant d'accueillir leurs motivations. Mais ce que ces deux rencontres m'ont montré, et dont je suis persuadé que cela doit se retrouver dans le cas pratique et réel des suicides assistés ou des euthanasies, est que ces « solutions », si elles peuvent être perçues comme telles par ceux qui les demandent, n'en sont certainement pas pour l'entourage proche. À tout le moins celui des personnels soignants, et sans doute bien au-delà.

Ma référence reste les propos d'une amie, le Dr Claire Fourcade, présidente de la *Société française d'accompagnement et de soins palliatifs*, autrement dit SFAP, avec qui j'ai eu la chance, en tant que bibliste, d'intervenir dans deux conférences publiques. Ses interventions multiples et propos sont légion en ligne, et j'y renvoie mes lecteurs.

Pour ce qui concerne la dimension biblique, je vais en parler maintenant, dans la deuxième partie de cet ouvrage consacrée au temps de Dieu.

# Le temps de Dieu

# Le temps est un don de Dieu

Pour le chrétien, qui s'appuie sur la Bible, le temps est un don de Dieu. Voilà un fait qui apparaît d'emblée avec le chapitre 1 du livre de la Genèse : les jours sont égrenés, formant le comput classique des 7 jours. Si le rédacteur ne l'attribue pas explicitement à Dieu, cette création n'en est pas moins implicite à partir du moment ou lumière et ténèbre sont distinguées : d'ailleurs, aussitôt après, commence le compte des jours.

Cette thématique du temps comme don de Dieu est ensuite sans cesse développée dans des contextes variables et sous des formes diverses. Pour prendre deux exemples très différents, c'est ainsi que Sara, l'épouse d'Abraham conçut Isaac « *au temps marqué* » (Genèse 21,2) ou que « *Dieu envoya son Fils quand vint la plénitude du temps* » (Galates 4,4). Ces deux exemples ont en commun d'évoquer un moment précis du temps et de s'apparenter à des *kairoi*.

Mais il suffit de se reporter au fameux livre de l'Ecclésiaste dit encore livre de Qohélet, pour rencontrer un sage qui se débat au sein du temps qui passe, ce *chronos* dont Dieu seul a la maîtrise. Au-delà du fameux :

> « *Il y a un moment pour tout et un temps pour toute chose sous le ciel. Un temps pour enfanter, et un temps pour mourir ; un temps pour planter,*

*et un temps pour arracher le plant etc.* » (Qohélet 3,1-2),

Entendons quelques versets plus loin :

> « *Tout ce que Dieu fait convient en son temps. Il a mis dans le cœur (des hommes) l'ensemble du temps, mais sans que l'homme puisse saisir ce que Dieu fait, du commencement à la fin.* » (Qohélet 3,11).

Dans cette vision des choses, l'homme ne possède pas le temps, pas plus toutefois qu'il n'est possédé par lui dans la mesure où Dieu lui propose un temps par rapport auquel l'homme est totalement libre. Plutôt que de chercher en vain à s'approprier le temps, l'homme est invité à accueillir et s'approprier celui de Dieu.

Y compris lorsque sa fin s'approche : comment ne pas revenir aux questions « du jour » déjà évoquées plus haut, celle du suicide assisté et de l'euthanasie ? Voilà des choix douloureux qui raccourcissent le temps, au moins celui des patients ! Je vais m'arrêter sur cette question.

L'exemple biblique qui me vient immédiatement à l'esprit est celui de Job. Il n'était pas à l'hôpital, mais il était bien un patient : avec la permission de Dieu, cet homme juste n'en est pas moins « *affligé d'un ulcère malin, depuis la plante des pieds jusqu'au sommet de la tête* » (2,7). Que lui propose sa femme en termes de soin ? « *Pourquoi persévérer dans ton intégrité ? Maudis donc Dieu et meurs !* » (2,9).

Job repousse la suggestion et répond à sa femme :

> « *Tu parles comme une folle. Si nous accueillons le bonheur comme un don de Dieu, comment ne pas accepter de même le malheur !* » (2,10),

Job n'en est pas moins tenté comme on peut le lire plus loin :

> « *Enfin Job ouvrit la bouche et maudit le jour de sa naissance. Il prit la parole et dit : Périsse le jour qui me vit naître et la nuit qui annonça : "Un garçon vient d'être conçu." Ce jour-là, qu'il soit ténèbres, que Dieu, de là-haut, ne le réclame pas, que la lumière ne brille pas sur lui !* » (3,1-4)

Il me semble retrouver là une classique ambivalence de celui ou celle qui est confronté à l'extrême souffrance, surtout lorsqu'elle surgit comme une profonde injustice. La mort apparaît comme un raccourci souhaitable, face à un temps qui s'écoule très douloureusement, trop douloureusement.

On retrouve cette ambivalence jusque chez Jésus lui-même, au jardin de Gethsémani, lorsqu'il entre dans sa Passion :

> « *Mon Père, s'il est possible, que cette coupe passe loin de moi ! Cependant, non pas comme je veux, mais comme tu veux* ». (Matthieu 26,39)

Si l'intégrité morale de Jésus n'est évidemment pas en cause, celle de Job l'est par le biais de ses prétendus amis : pour eux, le malheur ne peut être que la conséquence d'une faute. La suite de l'histoire leur donnera tort.

Dans l'un et l'autre cas, le temps qui passe est celui que Dieu donne à l'homme, que celui-ci ne peut raccourcir par sa volonté propre. Le faire serait d'ailleurs contrarier l'œuvre divine qui attend une forme de salut de l'épreuve supportée.

On retrouve cette thématique dans le propos des opposants au suicide assisté ou à l'euthanasie : raccourcir le temps empêcherait par exemple des réconciliations tardives, voire même des rémissions. À condition bien sûr que la douleur soit écartée autant qu'il est possible, ce à quoi réussissent de mieux en mieux les soins palliatifs.

# La patience de Dieu

*« Dieu voulait montrer sa justice, du fait qu'il avait passé condamnation sur les péchés commis jadis au temps de la patience de Dieu ; il voulait montrer sa justice au temps présent, afin d'être juste et de justifier celui qui se réclame de la foi en Jésus. »* (Romains 3,25-26)

Ces paroles de l'apôtre Paul manifestent que la patience est au cœur de l'action divine. Mais elle a bien du mal à prendre place dans la vie humaine. Surtout dans un monde où tout va très vite, où le moindre retard est perçu comme une incongruité (que l'on pense aux trains !), où les progrès de la communication numérique ne cessent de rapprocher les deux bouts de la planète. Symptomatique de cette évolution me semble le fait que le courrier postal a perdu presque tout le terrain qu'il occupait au profit du courrier électronique.

Dans ce contexte, malgré les évolutions, Dieu est souvent convoqué pour intervenir prestement. Par exemple dans toutes les violences qui se développent sur notre planète. Si certains diront qu'il ne fait rien parce qu'il n'existe pas, la tradition biblique affirme plutôt qu'il prend son temps. Pour deux raisons au moins : parce que le temps est sien et qu'il le « gère » selon ses plans ; mais aussi, comme on le verra plus loin, parce qu'il souhaite offrir à l'hommes toutes les opportunités de se convertir. Mais restons-en à la première raison, celle de la maîtrise du temps.

L'apôtre Paul le dit à propos de la venue sur notre terre du fils de Dieu :

> *Quand vint la plénitude du temps, Dieu envoya son fils, né d'une femme, né sujet de la Loi.* »
> (Galates 4,4)

Ce verset souligne la maîtrise totale de Dieu sur le temps. C'est lui qui détermine les temps et les moments, le *chronos* comme le *kairos*, comme Jésus le rappellera encore à ses disciples au lendemain de la Résurrection :

> *Il ne vous appartient pas de connaître les temps (en grec, chronos) et les moments (en grec, kairos) que le Père a fixés de sa seule autorité* »
> (Actes 1,7).

Mais notre verset paulinien signale aussi que la venue de Jésus dans notre chair fut une plénitude, et donc un *kairos* même si le mot n'est pas employé. Lequel prend place au sein du *chronos*, et peut être renouvelé sous des formes diverses. Le *chronos* est donc traversé de *kairoi*.

Le *kairos* évoqué indirectement par Paul est évidemment un moment incomparable, d'où le recours au terme plénitude, mais il n'a pas vocation à être unique. Les événements que l'Ancien et le Nouveau Testament présentent comme des manifestations divines, avec leur dimension glorieuse et ponctuelle, sont des formes de *kairoi* : voir l'épisode du buisson ardent où Dieu interpelle Moïse (Exode 3,1-7), à l'appel des prophètes (par exemple Moïse en Exode 3 ou Jérémie en Jérémie 1), au baptême de Jésus au Jourdain (Matthieu 3,13-17).

# Le temps de la miséricorde

Le kairos par excellence est donc la venue de Jésus dans le monde des hommes, son incarnation. Mais la question souvent posée est la suivante : pourquoi Dieu a-t-il mis de temps pour intervenir ? Qu'est-ce qui a justifié d'attendre « la plénitude du temps » ?

Pour le comprendre, il faut parcourir quelques pans de l'histoire biblique.

## Le don de la loi et l'envoi des prophètes

Dans le fameux récit de la chute d'Adam et Ève (Genèse 3), la demande faite par Dieu de ne pas manger du fruit de l'arbre au milieu du jardin est clairement une première approche de la Loi mosaïque : c'est un commandement. Dont Adam et Ève vont donc s'affranchir pour leur plus grand malheur : ils se cachent de Dieu avant d'être expulsés du Paradis.

Pour les auteurs bibliques, cette expulsion crée une nouvelle situation, dans laquelle l'homme se trouve à distance de Dieu : il va donc falloir que Dieu surmonte cette distance, faute de pouvoir le demander à l'homme. Il va le faire de deux manières : dans un premier « temps », par le don de la loi à Moïse, dans un deuxième « temps », en fait plus ou moins coexistant avec le premier, par l'envoi de prophètes chargés de rappeler la loi et de reconduire le peuple sur son chemin. Voilà le propos de ce que nous appelons l'Ancien Testament.

Il s'agit donc d'un temps inévitable, nécessaire, pour permettre au peuple de Dieu, limité alors à Israël et à ceux des païens qui reviennent vers lui, de se convertir. Entre autres recommandations, voici celle du prophète Joël :

> *« Revenez à moi de tout votre cœur, dans le jeûne, les pleurs et les cris de deuil. Déchirez votre cœur, et non vos vêtements, revenez au Seigneur, votre Dieu, car il est tendresse et pitié, lent à la colère, riche en grâce, et il a regret du mal »* (2,12-13).

Le temps qui passe est donc celui de la miséricorde faite au peuple que Dieu s'est choisi. Mais ce peuple n'est pas « complet » s'il lui manque les païens, du moins ceux qui sont restés à l'écart d'Israël : ce sera l'un des enjeux de l'envoi du Fils.

## En ces temps qui sont les derniers

> *« Après avoir, à maintes reprises et sous maintes formes, parlé jadis aux Pères par les prophètes, Dieu, en ces jours qui sont les derniers, nous a parlé par le Fils, qu'il a établi héritier de toutes*

*choses, par qui aussi il a fait les siècles (les éons) »* (Hébreux 1,1-2).

Après le temps des prophètes, voici donc venu « les derniers temps ». Bien avant Jésus, par exemple dans le livre du Deutéronome, s'était exprimée l'attente d'un nouveau prophète, et avec lui d'un renouveau d'Israël :

> *« Le Seigneur ton Dieu suscitera pour toi, du milieu de toi, parmi tes frères, un prophète comme moi, que vous écouterez »* (Deutéronome 18,15).

Cette attente prophétique venait doubler et renforcer une attente connue et largement étudiée, dite « messianique », sous sa double orientation, sacerdotale (un descendant du prêtre Sadoq) et royale (un descendant du roi David). Et la réalisation de toutes ces attentes devait marquer le temps de la fin, les « derniers temps ».

Cette qualification n'apparaît pas comme telle dans l'Ancien Testament. Celui-ci l'évoque en fait à travers la thématique du « Jour du Seigneur » :

> *« Il est proche, le jour du Seigneur, il arrive comme une dévastation de Shaddaï »* (Isaïe 13,6 // Joël 1,15).

> *« Il vient le jour du Seigneur, car il est proche »* (Joël 2,1 // Abdias 1,15 ; Sophonie 1,7.14)

> *« Il est grand le jour du Seigneur, très redoutable »* (Joël 2,11 // 3,4) etc.

Deux références me semblent notables. La première, reprise par Jésus pour évoquer le rôle de Jean-Baptiste en Luc 1,17, montre que le « Jour du Seigneur » est préparé par la venue du Baptiste :

> *« Voici que je vais vous envoyer Elie le prophète, avant que n'arrive le Jour du Seigneur, grand et redoutable. Il ramènera le cœur des pères vers leurs fils et le cœur des fils vers leurs pères »* (Malachie 3,23-24).

La deuxième est sans doute encore plus importante. Elle procède d'une recherche sur le thème du « temps des nations », que le prophète Ézéchiel présente comme corrélative du « Jour du Seigneur » :

> *« Car le jour est proche, il est proche le jour du Seigneur ; ce sera un jour chargé de nuages, ce sera le temps des nations »* (30,3)

Le temps des nations et non plus seulement celui d'Israël !

## La venue de Jésus

Cette présentation du Fils comme le secours ultime proposé à *tous les hommes* pour leur salut avait déjà cours dans les propos de Jésus lui-même. Par exemple dans la parabole des vignerons indignes, en Matthieu 21,33-41 :

*« Écoutez une autre parabole. Un homme était propriétaire, et il planta une vigne ; il l'entoura d'une clôture, y creusa un pressoir et y bâtit une tour ; puis il la loua à des vignerons et partit en voyage. Quand approcha le moment des fruits, il envoya ses serviteurs aux vignerons pour en recevoir les fruits. Mais les vignerons se saisirent de ses serviteurs, battirent l'un, tuèrent l'autre, en lapidèrent un troisième. De nouveau il envoya d'autres serviteurs, plus nombreux que les premiers, et ils les traitèrent de même.*

*Finalement il leur envoya son fils, en se disant : Ils respecteront mon fils. Mais les vignerons, en voyant le fils, se dirent par-devers eux : Celui-ci est l'héritier : venez ! tuons-le, que nous ayons son héritage. Et, le saisissant, ils le jetèrent hors de la vigne et le tuèrent. Lors donc que viendra le maître de la vigne, que fera-t-il à ces vignerons-là ?"*

*Ils lui disent : "Il fera misérablement périr ces misérables, et il louera la vigne à d'autres vignerons, qui lui en livreront les fruits en leur temps. »*

Il est facile de reconnaître dans le propriétaire Dieu lui-même, dans les vignerons Israël qui bénéficie du temps du voyage mais ne s'en montre pas digne, dans le fils Jésus lui-même, et dans les autres vignerons évoqués à la fin de la parabole les nations. Qui sont donc à leur tour invitées à entretenir la vigne et à lui faire porter du fruit.

Notons bien qu'ils ne sont pas les propriétaires de la vigne, pas plus que ne l'étaient avant eux les premiers vignerons. Qu'ils n'ont pas remplacés, mais dont ils ont repris et étendu la mission à partir d'un terrain déjà travaillé et producteur de fruits. Ces nouveaux vignerons prolongent et développent l'entreprise, dont le maître attend bien sûr de nouveaux fruits.

Le temps qui passe est maintenant celui de la miséricorde faite aux nations, sans que soit remise en cause celle faite aux Juifs. Saint Paul a parfaitement synthétisé tout le processus :

> « *Que conclure ? Ce que recherche Israël, il ne l'a pas atteint ; mais ceux-là l'ont atteint qui ont été élus. Les autres, ils ont été endurcis, selon le mot de l'Écriture : Dieu leur a donné un esprit de torpeur : ils n'ont pas d'yeux pour voir, d'oreilles pour entendre jusqu'à ce jour. David dit aussi : Que leur table soit un piège, un lacet, une cause de chute, et leur serve de salaire ! Que leurs yeux s'enténèbrent pour ne point voir, et fais-leur sans arrêt courber le dos !*
>
> *Je demande donc : serait-ce pour une vraie chute qu'ils ont bronché ? Certes non ! mais leur faux pas a procuré le salut aux païens, afin que leur propre jalousie en fût excitée. Et si leur faux pas a*

*fait la richesse du monde et leur amoindrissement la richesse des païens, que ne fera pas leur totalité ! Or je vous le dis à vous, les païens, je suis bien l'apôtre des païens et j'honore mon ministère, mais c'est avec l'espoir d'exciter la jalousie de ceux de mon sang et d'en sauver quelques-uns. Car si leur mise à l'écart fut une réconciliation pour le monde, que sera leur admission, sinon une résurrection d'entre les morts ? »* (Romains 11,7-15)

Considérons maintenant d'un peu plus près la manière dont Jésus a pris place dans le temps des hommes.

# Habiter le temps

Considérée dans sa spécificité, l'Incarnation est un *kairos*. Mais en tant qu'événement prenant place dans le temps, au travers de la vie de Jésus, elle s'insère dans le *chronos*. Les évangélistes, en particulier Luc, se sont employés à dérouler une chronologie de la vie de Jésus, chacun à sa manière, et en laissant de grands vides. Que certains mystiques ou prétendus tels se sont plus tard évertués à combler, avec plus ou moins de finesse et de réussite.

Comment donc Jésus, fils de Dieu, a-t-il habité le temps des hommes ? Qu'en a-t-il dit ?

## L'entrée dans le monde

La naissance de Jésus, quoi qu'il en soit des « récits de l'enfance » proposés par Matthieu et Luc, n'a fait initialement aucun bruit, comme le reconnaît à sa manière saint Jean :

> *« Le Verbe était dans le monde, et le monde fut par lui, et le monde ne l'a pas reconnu. Il est venu chez lui, et les siens ne l'ont pas accueilli* (Jean, 1,10-11).

L'événement est donc difficilement datable, simplement avant la mort d'Hérode. Il n'en reste pas moins qu'il est pour les chrétiens un *kairos* absolument central au sein du *chronos*. C'est par exemple à partir de lui, et malgré son indétermination temporelle, que s'est construit le calendrier grégorien que nous continuons d'utiliser sur une grande partie de la planète.

Du point de vue chrétien, cette indétermination a quelque chose de salutaire. Si une naissance se situe normalement à un moment précis (*kairos*) du temps *chronos*, celle de Jésus dépasse le temps : il s'agit d'un moment de l'histoire, qui ne nous est pas connu, et qui couvre en fait toute l'histoire. Parce que la venue du Fils en constitue un accomplissement, thème moteur de Matthieu et Luc, mais aussi d'un auteur comme Paul en Galates 4,4 : *"quand vint la plénitude du temps, Dieu envoya son Fils…"*.


## La vie publique de Jésus


Pendant le temps de sa présence sur terre, estimé à une trentaine d'années, Jésus a donc successivement vécu auprès de ses parents à Nazareth, puis commencé une vie publique. Il a rejoint le prophète Jean-Baptiste au bord du Jourdain, délaissé le Jourdain pour la Galilée et la région environnante, où il a mené une existence de prophète/prédicateur/guérisseur itinérant, avant de monter à Jérusalem où il a connu la Passion et la mort sur la croix. La durée de cette vie publique est estimée par les commentateurs à plus ou moins trois ans.

En tant que prédicateur, il a souvent parlé du temps. Parfois directement, et en des termes qui ont surpris les auditeurs de l'époque comme ils nous surprennent encore aujourd'hui. En s'inspirant souvent de ce qu'il connaît du monde agricole dont il est familier, Jésus souligne que le temps n'est pas venu :

> « *Un homme avait un figuier planté dans sa vigne. Il vint y chercher des fruits et n'en trouva pas. Il dit alors au vigneron : Voilà trois ans que je viens chercher des fruits sur ce figuier, et je n'en trouve pas. Coupe-le ; pourquoi donc use-t-il la terre pour rien ? L'autre lui répondit : Maître, laisse-le cette année encore, le temps que je creuse tout autour et que je mette du fumier. Peut-être donnera-t-il des fruits à l'avenir... Sinon tu le couperas.*" (Luc 13,6-9).

Voici aussi la parabole sur le bon grain et l'ivraie :

> « *Maître, n'est-ce pas du bon grain que tu as semé dans ton champ ? D'où vient donc qu'il s'y trouve de l'ivraie ? Il leur dit : C'est quelque ennemi qui a fait cela. Les serviteurs lui disent : Veux-tu donc que nous allions la ramasser ? Non, dit-il, vous risqueriez, en ramassant l'ivraie, d'arracher en même temps le blé. Laissez l'un et l'autre croître ensemble jusqu'à la moisson* ». (Matthieu 13,27-30)

Et souvent aussi, il est proche :

> *« Du figuier apprenez cette parabole. Dès que sa ramure devient flexible et que ses feuilles poussent, vous comprenez que l'été est proche. Ainsi vous, lorsque vous verrez tout cela, comprenez qu'Il est proche, aux portes. En vérité je vous le dis, cette génération ne passera pas que tout cela ne soit arrivé. »* (Matthieu 24,32-34)

Mais cette proximité se dit surtout dans la bouche de Jésus de manière indirecte, avec ses propos sur le Royaume.

## L'annonce du Royaume

Les mentions en sont innombrables, par exemple :

> *« Le Royaume de Dieu est proche »* (Matthieu 3,2 ; Marc 1,15),

Ou bien :

> *« Il est là au milieu de vous »* (Luc 17,21)

Si tous les commentateurs sont d'accord pour reconnaître que le thème du Royaume de Dieu a joué un rôle majeur dans la prédication de Jésus, les avis divergent largement sur sa signification. Je ne vais donc pas « en rajouter », mais m'intéresser à ce que ce thème peut nous dire du temps selon la compréhension qu'en a Jésus.

Que ce Royaume, jamais défini par Jésus, soit proche ou déjà là, il est incontestablement lié à la manifestation de

Jésus et à ses modalités « pratiques » : d'où les nombreux
« *le royaume est semblable à ...* » (Matthieu 13,45.47 ;
20,1 ; 22,2 etc.). Il s'agit d'une réalité qui s'inscrit dans
le temps et qui le dépasse. Une illustration du fameux
« déjà là et pas encore ». Il mêle le monde à venir et le
monde présent. Le temps des hommes n'est pas distinct
du temps de Dieu. Ce qui rend ce monde présent
essentiel : il n'est pas qu'une étape, il est aussi une
préparation[1].

Saint Paul le dira excellemment plus tard en évoquant la
venue de Jésus dans le monde, avec cette citation déjà
proposée :

> « *Quand vint la plénitude du temps (chronos),
> Dieu envoya son fils* » (Galates 4,4).

Ce qui ne signifie aucunement que Dieu n'était pas
présent dans le temps des hommes avant que son fils n'y
prenne corps, mais au contraire qu'il fut présent tout au
long de ce temps pour préparer cette venue jusqu'au
moment (*kairos*) le plus favorable, que la théologie
considère comme une plénitude.

---

[1] Cf. Hervé Ponsot, *Nous n'avons qu'une seule vie*, Paris, Cerf, 2020.

## Quelle urgence ?

Si Dieu a « pris tout ce temps », l'homme peut se demander quelle est l'urgence de se tourner vers le Seigneur et de mettre en application ses commandements. D'ailleurs, l'homme n'attend-il pas la venue de Jésus dans la gloire depuis plus deux mille ans, sans avoir rien vu venir encore ? Décidément, rien ne presse !

Enfin, pas tout à fait. Si Dieu prend son temps parce que ce temps est sien, l'homme n'en dispose pas de la même manière puisque « son » temps lui est donné. Et peut lui être enlevé sans crier gare. Tel est le thème d'une parabole proposée par Jésus :

> *« Il y avait un homme riche dont les terres avaient beaucoup rapporté. Et il se demandait en lui-même : Que vais-je faire ? Car je n'ai pas où recueillir ma récolte. Puis il se dit : Voici ce que je vais faire : j'abattrai mes greniers, j'en construirai de plus grands, j'y recueillerai tout mon blé et mes biens, et je dirai à mon âme : Mon âme, tu as quantité de biens en réserve pour de nombreuses années ; repose-toi, mange, bois, fais la fête. Mais Dieu lui dit : Insensé, cette nuit même, on va te redemander ton âme. Et ce que tu as amassé, qui l'aura ?* » (Luc 12,16-20)

Cette incertitude sur le sort de chaque homme justifie les nombreux appels à la veille que l'on rencontre dans les évangiles :

> *« Veillez donc, parce que vous ne savez pas quel jour va venir votre Maître »* (Matthieu 24,43),

> *« Veillez donc car vous ne savez ni le jour ni l'heure »* (Matthieu 25,13, Marc 13-14 etc.)

De cette veille, Jésus a donné de nombreux exemples personnels, par exemple lorsqu'il se retire pour prier son Père :

> *« Quand il eut renvoyé les foules, Jésus gravit la montagne, à l'écart, pour prier. Le soir venu, il était là, seul. »* (Matthieu 14,23 // Marc 6,46). Cf. aussi Luc 9,18.28 ; 11,1 etc.

# Accueil et mise en œuvre du temps de Dieu

Dans la tradition chrétienne, une manière classique de « coller » au temps de Dieu consiste à prier, en particulier « célébrer les heures » du jour, par exemple le matin avec les laudes et en fin d'après-midi avec les vêpres. Ajoutons-y la messe qui prendra souvent place en milieu de journée.

Il n'est pas nécessaire d'être moine ou moniale pour accueillir et vivre ces temps, bien des laïcs s'y joignent, mais il est clair que l'engagement religieux le favorise. Mais d'autres possibilités sont offertes à tous pour entrer dans le temps de Dieu. Je vais en développer trois : parler vrai, harmonisation des actes avec la parole, charité. Et j'évoquerai ensuite la place de la célébration de la Cène dans son rapport au temps.

## Le parler vrai

Dans un ouvrage écrit avec un ami, Florian Mantione,et que nous avons intitulé « *Le management selon Jésus* »[1], nos parlons plutôt d'assertivité. Mais c'est bien de

---

[1] Florian Mantione et Hervé Ponsot, *Le management selon Jésus*, Paris, Cerf, 2021.

« parler vrai » dont il s'agit, à savoir « dire que c'est bien quand c'est bien, et dire que c'est mal quand c'est mal ».

Le parler vrai est caractéristique des prophètes envoyés par Dieu et non auto-proclamés, et ce qui leur vaut bien des critiques, des incompréhensions, des outrages. Jésus en donne un exemple marquant dans son altercation avec son cher disciple Pierre. L'épisode est célèbre :

> *« Jésus commença de montrer à ses disciples qu'il lui fallait s'en aller à Jérusalem, y souffrir beaucoup de la part des anciens, des grands prêtres et des scribes, être tué et, le troisième jour, ressusciter.*
>
> *Pierre, le tirant à lui, se mit à le morigéner en disant : "Dieu t'en préserve, Seigneur ! Non, cela ne t'arrivera point !"*
>
> *Mais lui, se retournant, dit à Pierre : "Passe derrière moi, Satan ! tu me fais obstacle, car tes pensées ne sont pas celles de Dieu, mais celles des hommes !"* » (Matthieu 16,21-23)

Mais quel rapport avec le temps ? Je reviens à ce qu'en dit Florian à travers un exemple choisi dans une entreprise type :

> *« Question posée à un collaborateur : « Alors, comment ça va aujourd'hui ? » « Très bien. » « Content du boulot ? » « Oui, tout va bien ».*
>
> *Même question posée à un employeur : « Tout va bien » « Et ce nouveau projet ? » « Intéressant, oui, intéressant... »*

*Dans l'entreprise, tout est feutré, tout est en nuance. On évite l'affrontement, on n'exprime pas systématiquement son avis. On ne veut pas heurter l'autre. On ne veut pas imposer ses idées. On ferme les yeux sur les retards, les absences, les travaux hors délai, les travaux bâclés. On ferme les yeux sur des gisements de points à améliorer... Finalement, on dit rarement ce que l'on pense vraiment. »*

Cette situation, connue bien au-delà de l'entreprise, conduit au flou, à l'incertain. Bien sûr, cet incertain existe dans nos vies et il peut être tout à fait nécessaire *dans un premier temps*, par exemple dans l'élaboration d'un diagnostic médical délicat. Mais il a son revers, il empêche la prise de décision partagée, et souvent l'avancée. En d'autres termes, il arrête le temps ! Ce qu'*a contrario* le parler vrai ne fait pas, comme on le voit dans l'altercation entre Jésus et Pierre.

## Harmoniser les actes avec la parole

Dans notre livre sur le management, nous parlons avec Florian de « congruence ». Il s'agit d'une harmonie qui n'oblige pas à une immédiateté du type de celle que l'on rencontre dans le premier livre de la Genèse : « *Dieu dit et cela est* », mais qui donne un fondement aux actes posés.

On peut lire dans les guérisons opérées par Jésus quelque chose de cet ordre, en particulier dans l'épisode où ses adversaires contestent son droit à pardonner :

> *« On vient lui apporter un paralytique, soulevé par quatre hommes. Et comme ils ne pouvaient pas le lui présenter à cause de la foule, ils découvrirent la terrasse au-dessus de l'endroit où il se trouvait et, ayant creusé un trou, ils font descendre le grabat où gisait le paralytique. Jésus, voyant leur foi, dit au paralytique : "Mon enfant, tes péchés sont remis."*
>
> *Or, il y avait là, dans l'assistance, quelques scribes qui pensaient dans leurs cœurs : "Comment celui-là parle-t-il ainsi ? Il blasphème ! Qui peut remettre les péchés, sinon Dieu seul ?"*
>
> *Et aussitôt, percevant par son esprit qu'ils pensaient ainsi en eux-mêmes, Jésus leur dit : "Pourquoi de telles pensées dans vos cœurs ? Quel est le plus facile, de dire au paralytique : Tes péchés sont remis, ou de dire : Lève-toi, prends ton grabat et marche ? Eh bien ! pour que vous sachiez que le Fils de l'homme a le pouvoir de remettre les péchés sur la terre, je te l'ordonne, dit-il au paralytique, lève-toi, prends ton grabat et va-t'en chez toi."*
>
> *Il se leva et aussitôt, prenant son grabat, il sortit devant tout le monde, de sorte que tous étaient*

*stupéfaits et glorifiaient Dieu en disant : "Jamais nous n'avons rien vu de pareil".* » (Marc 2,3-12)

Un exemple de congruence nous est aussi proposé dans une parabole, mais elle met en scène non Jésus, mais deux enfants, l'un congruent, l'autre non :

« *Un homme avait deux enfants. S'adressant au premier, il dit : Mon enfant, va-t'en aujourd'hui travailler à la vigne. -- Je ne veux pas, répondit-il ; ensuite pris de remords, il y alla. S'adressant au second, il dit la même chose ; l'autre répondit : Entendu, Seigneur, et il n'y alla point. Lequel des deux a fait la volonté du père ?" - "Le premier", disent-ils. Jésus leur dit : "En vérité je vous le dis, les publicains et les prostituées arrivent avant vous au Royaume de Dieu. En effet, Jean est venu à vous dans la voie de la justice, et vous n'avez pas cru en lui ; les publicains, eux, et les prostituées ont cru en lui ; et vous, devant cet exemple, vous n'avez même pas eu un remords tardif qui vous fît croire en lui."* (Matthieu 21,28-32)

Et comment ne pas penser à cet appel à une forme particulière de congruence entre les invitations de Jésus et les réponses de ses auditeurs :

« *Mais à qui vais-je comparer cette génération ? Elle ressemble à des gamins qui, assis sur les places, en interpellent d'autres, 17 en disant :*

(Matthieu 11,16-17)

Une fois encore, il faut poser la question : en quoi la question du temps est-elle impliquée dans ces récits, et plus généralement dans la congruence ? La réponse est claire dans ces paraboles au-delà de leurs différences : comme dans le cas de l'assertivité, sans cette congruence, aucune avancée n'est possible. Sans elle, le tempo de l'action divine est perturbé. D'une certaine manière c'est du temps perdu.

## La prière

Voilà justement ce que les détracteurs de la prière disent souvent : elle n'est rien d'autre que du temps perdu. Reconnaissons que c'est effectivement ce qu'elle paraît, dès lors que l'on a la conviction qu'il n'y a qu'un seul interlocuteur en jeu. Mais tel n'est évidemment pas la conviction des priants, qui assurent établir un vrai dialogue avec Dieu. Et recevoir de lui la connaissance de la route à suivre, pour eux et souvent pour ceux qui sont autour d'eux. Jésus, d'après saint Luc en particulier, a tracé le chemin dans ce domaine : dans les moments importants de sa vie, il prie et consulte son Père : au baptême (Luc 3,21), dans la vie quotidienne (Luc 5,16), avant le choix des douze apôtres (Luc 6,12 etc.).

Comment ne pas penser ici à cet homme évoqué par le curé d'Ars :

> *« C'est comme dans les premiers temps où je me trouvais à Ars. Il y avait un homme qui ne passait jamais devant l'église sans y entrer. Le matin quand il allait au travail, le soir quand il en revenait, il laissait à la porte sa pelle et sa pioche, et il restait longtemps en adoration devant le Saint Sacrement. J'aimais bien ça. Je lui ai demandé une fois ce qu'il disait à Notre-Seigneur pendant ces longues visites qu'il Lui faisait. Savez-vous ce qu'il m'a répondu ?*
>
> *« Monsieur le Curé, je ne Lui dis rien, je L'avise et Il m'avise. Je Le regarde et Il me regarde ».*

Mais j'ai aussi en tête saint Dominique dont la tradition rapporte qu'il passait des nuits aux pieds de l'autel des couvents où il était hébergé. C'est bien là qu'il puisait les certitudes qui l'habitaient ensuite dans la prise de décision, par exemple lors de la dispersion des premiers frères en 2017 assumée malgré les critiques.

La prière n'est pas du temps perdu, mais un temps de ressourcement, nécessaire à l'homme d'action. Elle est un moment de communion avec le ciel, et d'anticipation de la fin des temps.

# La charité

Avec le terme de charité, tout le monde croit savoir ce dont parlent les chrétiens. Rien n'est moins sûr : le terme a connu trop de caricatures !

Pour le dire vite, non, la charité n'est pas la piécette déposée devant un mendiant sans le regarder. La charité (*agapê* en grec) est l'amour dont vivent les trois personnes de la Trinité, et donc la source de tout amour humain, qu'elle dépasse et irrigue en même temps. Si elle se traduit dans le don d'une piécette sans un regard vers le mendiant, sans que ne se manifeste un peu d'amour, alors ce n'est plus la charité, mais du mépris.

Nul ne s'étonnera que le Nouveau Testament évoque à de multiples reprises la charité, en particulier saint Jean et saint Paul. Du premier, rappelons :

> « *À ceci tous reconnaîtront que vous êtes mes disciples : si vous avez de l'amour (agapê) les uns pour les autres.* » (Jean 13,35)

Ou les trois mentions de Jean 15,9 :

> « *Comme le Père m'a aimé, moi aussi je vous ai aimés. Demeurez en mon amour* ».

Du deuxième, celui qui connaît un tant soit peu saint Paul pensera bien sûr à ce que l'on appelle l'hymne à la charité en 1 Corinthiens 13,4-8. En voici un extrait :

> « *La charité est longanime ; la charité est serviable ; elle n'est pas envieuse ; la charité ne*

*fanfaronne pas, ne se gonfle pas ; elle ne fait rien d'inconvenant, ne cherche pas son intérêt, ne s'irrite pas, ne tient pas compte du mal ; elle ne se réjouit pas de l'injustice, mais elle met sa joie dans la vérité. Elle excuse tout, croit tout, espère tout, supporte tout. La charité ne passe jamais. »*

Allons un peu plus loin : la charité est ce qui caractérise la vie en Dieu, et donc ce qui caractérisait la vie humaine au Paradis, avant la faute. À un moment où le temps n'était pas compté. La mettre en œuvre, c'est fouler le chemin qui permet de retourner au Paradis, c'est vivre le temps même de Dieu pour lequel :

*« Un jour est comme mille ans et mille ans comme un jour »* (2 Pierre 3,8 ; Psaume 90,4).

## L'eucharistie, lieu de mémoire et de présence par-delà le temps

L'expression la plus forte, mais aussi la plus violente, de la charité de Jésus est sa mort sur la croix : pour les chrétiens, elle se célèbre dans le mémorial de la cène au cours de laquelle Jésus a annoncé sa fin à ses disciples.

Un récit de la cène se trouve dans chacun des trois évangiles dits synoptiques, Matthieu, Marc et Luc, et il se trouve d'innombrables commentaires comparatifs de ces textes. On sait que Jean n'en fait pas mention, mais évoque le « lavement des pieds ». Mais il existe encore un autre récit de cette cène, proposé par Paul en 1 Corinthiens 11, et qui fait écho à la catéchèse dont il a bénéficié :

> « 23 *Pour moi, en effet, j'ai reçu du Seigneur ce qu'à mon tour je vous ai transmis : le Seigneur Jésus, la nuit où il était livré, prit du pain et, 24 après avoir rendu grâce, le rompit et dit : "Ceci est mon corps, qui est pour vous ; faites ceci en mémoire de moi." 25 De même, après le repas, il prit la coupe, en disant : "Cette coupe est la nouvelle Alliance en mon sang ; chaque fois que vous en boirez, faites-le en mémoire de moi." 26 Chaque fois en effet que vous mangez ce pain et que vous buvez cette coupe, vous annoncez la mort du Seigneur, jusqu'à ce qu'il vienne.* » (v. 23-26)

Le verset 26 établit une connexion entre la célébration eucharistique et la fin des temps avec la venue du Seigneur. Mais une autre connexion s'établit dans les versets précédents entre la mort de Jésus et la célébration de la cène : celle-ci n'est pas une vague mémoire, comme on peut en faire d'un anniversaire, mais une représentation actualisée, vivante, du dernier repas. Le temps, depuis la mort de Jésus jusqu'à sa venue en gloire, est aboli : les participants à la cène sont contemporains de la première cène et de sa mort sur la croix, comme ils le sont aussi de sa venue.

# La difficile marche du temps

Après avoir présenté le temps de Dieu et quelques modalités de sa réception et de sa mise en œuvre, tout est-il dit ? Non, dans la mesure où il manque un pan à la réflexion, la prise en compte de la difficulté d'accueillir le temps de Dieu dans le temps des hommes, à tout le moins de la discerner.

En outre, après avoir entendu mes propos sur la charité, j'imagine que bien des lecteurs en dénonceront la dimension idéale : peut-on en effet imaginer dans le monde d'aujourd'hui une société qui vivrait pleinement la charité dans ses membres ? Les mouvements sectaires y échouent et, incontestablement, l'Église catholique considérée dans son ensemble aussi ! Dans le temps des hommes, le temps de Dieu a bien du mal à tracer une ligne, et à s'imposer.

Jésus n'ignore pas cette difficulté :

> *« Étroite est la porte et resserré le chemin qui mène à la Vie, et il en est peu qui le trouvent. »* (Matthieu 7,14)

Faut-il pour autant baisser les bras ? Si l'on compte changer le monde d'un coup de baguette caritative, mieux vaut renoncer : le monde a toujours suivi son propre chemin et continuera de le faire. Mais si l'on considère le bien que peut faire la charité sur un plan personnel, familial, local, sur le moyen ou le long terme, alors la perspective est toute différente.

À chacun de penser à l'exemple de telle ou telle sainte, telle ou telle personne de foi qui a transformé sa vie et

celle de son environnement par l'exercice de la charité :
il s'en compte des milliers, dans l'histoire des hommes
ou souvent très proches de soi.

# Du même auteur

*Une introduction à la lettre aux Romains*, Paris, Cerf, 1988. 224 p. Écho de ma thèse.

*Saint Paul, autobiographie 2014*, Paris, BoD, 2014. 92 p. Je me mets à la place de Paul.

*Saint Pierre, autobiographie 2014*, Paris, BoD, 2014. 76 p. Je me mets à la place de Pierre.

*Saint Luc : « Pourquoi et comment j'ai écrit les Actes des Apôtres »*, Paris, BoD, 2014. 60 p. J'explique la démarche de Luc dans l'écriture des Actes.

*Le Fils Jésus, parfait médiateur*. Une lecture de la lettre aux Hébreux, Paris, BoD, 2015. 140 p. Echo d'un cours.

*Signe dans la Bible*, Paris, Cerf, 2015. 220 p. Livre en co-écriture avec Anne Lécu et Adrien Candiard.

*Combat. La spiritualité au quotidien*, Paris, Cerf, 2016. 192 p. Sur la vie spirituelle.

*Lecture historique et théologique des Actes des Apôtres*, Paris, BoD, 2016. 228 p. Un commentaire suivi de l'ouvrage.

*Pour (re)commencer à croire*, Paris, Cerf, 2018. 176 p. Une forme de catéchisme de base.

*Nous n'avons qu'une seule vie*, Paris, Cerf, 2020. 160 p. De l'importance de la vie terrestre liée à la vie céleste.

*La gratuité n'a pas de prix*, Paris, BoD, 2020. 104 p. Une thématique qui m'est « chère » parce qu'elle dit Dieu.

*Je suis né plusieurs fois dans ma vie*, Paris, BoD, 2020. 128 p. Les manifestations de la fidélité de Dieu dans ma vie.

*Saint Paul, autobiographie 2020*, Paris, BoD, 2020. 84 p. Reprise et mise à jour de l'ouvrage de 2014, sans les illustrations.

*Sans peur et sans reproche*, Paris, BoD, 2020. 48 p. Pour lutter contre la peur.

*En Christ, renaître à la vie.* Une lecture de la théologie de saint Paul, Paris, BoD, 2021. 80 p. Écho d'un cours.

*Puissance de la fragilité*, Paris, BoD, 2021. 68 p. La leçon que je tire de mes contacts avec de jeunes handicapés et leurs familles.

*Le Messie Jésus*, Paris, BoD, 2021. 84 p. La vie de Jésus racontée par son fidèle disciple André.

*Le management selon Jésus*, Paris, Cerf, 2021. 248 p. Version Poche, Lexio 2023. En co-écriture avec Florian Mantione, fondateur d'un cabinet de recrutement. Je suis Jésus, interviewé le soir de la Cène… dans le livre !

*Le pensable et l'impensable (vol. I)*, Paris, BoD, 2022. 176 p. Recueil de plusieurs articles parus sur mon blog Proveritate (https://proveritate.fr).

*L'espérance en chemin*, Paris, BoD, 2022. 76 p. Pour voir l'au-delà dans le présent de notre monde.

*Au fil du temps (vol. II)*, Paris, BoD, 2023. 104 p.
Nouveau recueil de 26 articles tirés de mon blog
Proveritate (https://proveritate.fr), de mars 2017 à mars
2018.

*Abécédaire de la vie en Christ*, Paris, Cerf, 2023. 200 p.
Des mots et des thèmes du Nouveau Testament.

# Table des matières